Made in the USA
Las Vegas, NV
21 June 2023

73675012R00063